渔樵问对

[北宋]邵雍 著　台吉 注译

中国画报出版社·北京

图书在版编目（CIP）数据

渔樵问对 /（北宋）邵雍著；台吉注译. -- 北京：中国画报出版社，2025.8（2025.9重印）. -- ISBN 978-7-5146-2598-1

Ⅰ . B244.31

中国国家版本馆 CIP 数据核字第 2025B3P275 号

渔樵问对

[北宋]邵雍　著　台吉　注译

出　版　人：方允仲
责任编辑：郭翠青
责任印制：焦　洋

出版发行：中国画报出版社
地　　　址：中国北京市海淀区车公庄西路 33 号
邮　　　编：100048
发　行　部：010-88417418　010-68414683（传真）
总编室传真：010-88417359　版权部：010-88417359

开　　本：32 开（880mm×1230mm）
印　　张：3
字　　数：50 千字
版　　次：2025 年 8 月第 1 版　2025 年 9 月第 2 次印刷
印　　刷：金世嘉元（唐山）印务有限公司
书　　号：ISBN 978-7-5146-2598-1
定　　价：38.00 元

前　言

说起中国人的气质，人们多认为是由儒家文化塑造的，其实，儒学分两个时期，有先秦之儒学，有两宋之儒学——理学。

所以，与其说儒学影响了中国人的精神气质，不如说理学才是现代中国人气质形成的源头。说到理学，就不得不提到"北宋五子"。他们分别是周敦颐、程颐、程颢、张载、邵雍，这五人对北宋哲学思想的发展起了重要作用。与"濂（周敦颐）洛（程颐、程颢）关（张载）闽（朱熹）"理学四大家之间有着师承关系不同，邵雍精研《易经》，从"万物运行"的"物理"之学阐述自己对宇宙的认识，在完善儒家学说的同时，建立属于自己的"数学"哲学体系。程颐赞他"数学至康节方及理"；

渔樵问对

程颢赞他"纯一不杂，汪洋浩大"。

他的集大成之作《皇极经世书》，乍看像预测卜算之学，但仔细研究就会发现，他的理论与混沌学、概率学如此接近（所以谓之命者，至之而后可知也），证明方法又与函数学如此相像（可以象求者，物之形也，可以数取者，物之体也）。他的自然哲学思想近于亚里士多德（……而观之以理也……穷之而后可知也），而对于"天道"信仰更像阿奎那对上帝的忠诚，即通过论证，证明自己所信之神真正存在（用也者，妙万物为言者也，可以意得，而不可言传）。

想要理解邵雍"汪洋浩大"的哲学思想，阅读《渔樵问对》是最便捷的方法。为了让读者更好地理解《渔樵问对》这一千古奇文，编者在附录中特别节选了明朝黄粤洲注释的《皇极经世书·观物内篇》。两者相映照，才真正明白"以经法天故能权变"的邵雍所倡之理学精神。

目　录

论"利害" …………………………………… 1
论"体用" …………………………………… 5
论"物我" …………………………………… 12
论"名实" …………………………………… 15
论"治乱" …………………………………… 19
论"观物" …………………………………… 22
论"人天" …………………………………… 26
论"义利" …………………………………… 31
论"力分" …………………………………… 34
论"易理" …………………………………… 36

渔樵问对

论"人与物"……	43
论"权变"……	51
论"生死"……	53
论"君子与小人"……	56
论"才正与不正"……	59
论"择用"……	61
论"善恶"……	64

附　录　皇极经世书·观物内篇（节选）…… 68

论"利害"

【原文】

渔者垂钓于伊水之上。樵者过之,弛①担息肩,坐于磐②石之上,而问于渔者,曰:"鱼可钩取乎?"

曰:"然。"

曰:"钩非饵可乎?"

曰:"否。"

曰:"非钩也,饵也。鱼利食而见害,人利鱼而蒙利。其利同也,其害异也。敢问何故?"

【注释】

①弛:放下,解除。

②磐:大而平的石头。

渔樵问对

【译文】

有一个渔夫在伊水边垂钓。一个樵夫路过,将肩上的柴担放下,坐在大石头上休息,对垂钓的渔夫问道:"钩子能钓到鱼吗?"

渔夫回答:"可以。"

樵夫问:"如果不放鱼饵,还能钓到鱼吗?"

渔夫回答:"不能。"

樵夫再问:"看来,钓鱼的关键在鱼饵,不在鱼钩啊。鱼求食之利而遭害,人求鱼之利而获益。都是为了吃到东西这一目的,所受伤害却截然不同,请问这是什么原因?"

【原文】

渔者曰:"子樵者也,与吾异治①,安得侵②吾事乎?然亦可以为子试言之。彼之利,犹此之利也;彼之害,亦犹此之害也。子知其小,未知其大。鱼之利食,吾亦利乎食也;鱼之害食,吾亦害乎食也。子知鱼终日得食

为利，又安知鱼终日不得食为害？如是，则食之害也重，而钩之害也轻。子知吾终日得鱼为利，又安知吾终日不得鱼不为害也？如是，则吾之害也重，鱼之害也轻。以鱼之一身，当人之一食，则鱼之害多矣；以人之一身，当鱼之一食，则人之害亦多矣。又安知钓乎大江大海，则无易地之患焉？鱼利乎水，人利乎陆，水与陆异，其利一也；鱼害乎饵，人害乎财，饵与财异，其害一也。又何必分乎彼此哉！子之言，体③也。独不知用尔。"

【注释】

①异治：不同的方式。

②侵：接近，引申为理解。

③体：与下文的"用"组成了中国古代哲学中的一组重要概念。体，指本质，内在。用，则是体的外在表现和表象，时刻会变化。

渔樵问对

【译文】

渔夫说:"你是樵夫,我是渔夫,我们生存的方式不同,你怎么能了解我们渔夫的事呢?尽管如此,我还是要试着为你说一说。鱼所得之利,如我所得之利,鱼所受之害,如我所受之害。你只是看到小(眼前)的方面,尚未看到大(更多)的方面,其实,鱼是为食物之利,我也是为食物之利;鱼因食物而受害,我也是因食物受害。你看到鱼终日得到食物是为利,又怎么知道鱼每天得不到食物不为害呢?因此,对于鱼而言,(没有)食物的伤害重,相比较而言,钩的伤害倒是轻的。你只知道我垂钓终日,以得鱼为利,又怎么知道我垂钓终日,若不得鱼就不是害呢?因此,就我而言,我的损失大,鱼的损失小。若以鱼为本,人吃了鱼,则鱼受到了伤害;若以人为本,鱼吃了人,人就受到了伤害。况且,若在大江大河上钓鱼,又怎么知道因钓鱼地点的改变就不会给人带来祸患呢?水里跟陆地不同,但从利的角度来看,水对鱼有利,陆地对人有利,两者的利是相同的。鱼受

·4·

害于饵，人受害于财，饵与财不同，其害处一样，又何必分彼此呢！你说的，只是事物的'体'，而不知事物的'用'。"

论"体用"

【原文】

樵者又问曰："鱼可生食乎？"

曰："烹之可也。"

曰："必吾薪济①子之鱼乎？"

曰："然。"

曰："吾知有用乎子矣。"

曰："然则子知子之薪，能济吾之鱼，不知子之薪所以能济吾之鱼也。薪之能济鱼久矣，不待子而后知。苟世未知火之能用薪，则子之薪虽积丘山，独且奈何哉？"

渔樵问对

樵者曰:"愿闻其方。"

曰:"火生于动,水生于静。动静②之相生,水火之相息。水火,用也;草木,体也。用生于利,体生于害。利害见乎情,体用隐乎性。一性一情,圣人能成。子之薪犹吾之鱼,微火则皆为腐臭朽坏,而无所用矣,又安能养人七尺之躯哉?"

【注释】

①济:帮助,助益。

②动静:中国古代哲学对宇宙万物的一种认识。

【译文】

樵者又问:"鱼能生吃吗?"

答:"烹熟之后才可以吃。"

问:"那就得用我的柴烹你的鱼了?"

答:"当然。"

问:"那我知道了,我的柴对你烹鱼有用。"

答:"你虽知道你的柴能烹我的鱼,可你不知道你的柴为什么能烹我的鱼。用柴烹鱼的方法早就有了,在你之前人们就知道。如果世人不知用火点燃木柴的方法,你的柴就是堆积如山又有什么用呢?"

樵者:"我愿意听你说说其中的道理。"

渔夫:"火生于动,水生于静。动静相生,水火相息。水火是事物的用,草木是事物的体。用生于利处,体见于害处。利与害于情中显现,静与动隐于天性。正因知道情(感性)与性(本质)的区别,圣人才理解宇宙万物的奥秘。就像你的柴和我的鱼,没有火都会变成腐臭朽坏无用之物,又怎能养育人的七尺之躯呢?"

【原文】

樵者曰:"火之功大于薪,固①已知之矣。敢问善灼物,何必待薪而后传?"

曰:"薪,火之体也。火,薪之用也。火无体,待薪然后为体;薪无用,待火然后为用。是故凡有体之物,

渔樵问对

皆可焚之矣。"

曰:"水有体乎?"

曰:"然。"

曰:"火能焚水乎?"

曰:"火之性,能迎②而不能随③,故灭。水之体,能随而不能迎,故热。是故有温泉而无寒火,相息之谓也。"

曰:"火之道生于用,亦有体乎?"

曰:"火以用为本,以体为末,故动。水以体为本,以用为末,故静。是火亦有体,水亦有用也。故能相济,又能相息。非独水火则然,天下之事皆然,在乎用之何如尔!"

【注释】

①固:已经。

②迎:迎向,对抗。

③随:随外物而变化。

【译文】

樵者问："火的功能大于柴，我已经知道了。还要问一下，火这么善燃他物，但为什么一定要有柴才可以呢？"

答："柴是火之体（展现火的本质），火是柴之用（发生变化）。火本无体，通过柴燃烧才体现出体。柴本无用，待火烧起后才有用。因此，凡是有体之物，都可以被火燃烧。"

问："水有体吗？"

答："有。"

问："水能被火燃烧吗？"

答："火的性质是迎向物体而不能跟随物体燃烧，所以会被水熄灭。水的性质是能随顺他物而变化，所以水就受热升温。因此有热水而无凉火，这体现了火与水的'相息'关系。"

问："火的功能来于用，它有体吗？"

答："火以用作为根本，以体为次要，所以火是动

渔樵问对

的。水以体作为根本,以用为次要,所以水是静的。因此,火也有体,水也有用,所以二者既相生又相息。不仅仅是水火,天下的事物都如此,就在于你如何应用。"

【原文】

樵者曰:"用可得闻乎?"

曰:"可以意得者,物之性也;可以言传者,物之情也;可以象求者,物之形也;可以数取者,物之体也。用也者,妙万物为言者也,可以意得,而不可以言传。"

曰:"不可以言传,则子恶得①而知之乎?"

曰:"吾所以得而知之者,固不能言传。非独吾不能传之以言,圣人亦不能传之以言也。"

曰:"圣人既不能传之以言,则六经非言也耶?"

曰:"时然后言,何言之有?"

樵者赞曰:"天地之道备于人,万物之道备于身,众妙之道备于神,天下之能事毕矣,又何思何虑!吾而今而后,知事心践形之为大。不及子之门,则几至于殆

矣！"乃析②薪烹鱼而食之，饫③而论《易》。

【注释】

①恶得：这般，怎么。恶（wù），表示疑问。

②析：用斧头劈木。引申为分开。

③饫（yù）：饱，足。

【译文】

樵夫问："如何知道'用'的道理呢？"

答："通过领悟得到的，是事物的本性；通过语言传授的，是事物的外在表现；通过外在显现得到的，是事物的形状；通过推导得到的，是事物的本质。'用'这个概念，是阐述万物奥妙的，只可意会，而不能精准言传。"

问："不可以精准言传，你又如何知道的？"

答："我正因知道并理解了这些道理，才明白这些东西确实无法通过语言精准传达。并非我一人不能精准

渔樵问对

言传，圣人也不能用语言来精准表述。"

问："若圣人都不能用语言来表述，那六经不是通过语言传授的吗？"

答："是时机到了才有了那些言说，哪有什么人在刻意言传？"

樵者闻听，赞叹说："天地间的道理完备于人心，万物之理为人身所感，世间万物奥秘为心神所领会，天下的各种道理都融会贯通了，还有什么可思虑的！我今天才知道用心去感知、用身体去实践是多么重要。若不是遇见先生，差点儿就陷入无知的险境了。"于是，樵者解开柴担生火烹鱼，二人吃饱后开始讨论《易》。

论"物我"

【原文】

渔者与樵者游于伊水之上。

渔者叹曰："熙熙乎万物之多，而未始有杂。吾知游乎天地之间，万物皆可以无心而致之矣。非子则孰与归焉！"

樵者曰："敢问无心致天地万物之方？"

渔者曰："无心者，无意之谓也。无意之意，不我物也。不我物，然后定能物物。"

曰："何谓我，何谓物？"

曰："以我徇[1]物，则我亦物也；以物徇我，则物亦我也。我物皆致，意由是明。天地亦万物也，何天地之有焉！万物亦天地也，何万物之有焉！万物亦我也，何万物之有焉！我亦万物也，何我之有焉！何物不我，何我不物！如是则可以宰[2]天地，可以司[3]鬼神。而况于人乎？况于物乎？"

【注释】

①徇：依从。

②宰：主管。

渔樵问对

③司：主持，掌管。

【译文】

渔夫和樵夫二人在伊水边上游玩。

渔夫感叹说："世上万物繁多，却不杂乱。我知道游走于天地之间，万物都应以无心的方式来理解。若不是有你，我将和谁谈经论道呢。"

问："请问如何以无心来理解万物？"

答："无心就是无意，无意就是不把我与物分开，然后才能做到与万物相通。"

问："什么是'我'？什么是'物'？"

答："以万物为标准，则我也是物；以我为标准，则万物也是我。认识到我与物一样，则道理就简单明了了。天地也是万物，哪里有什么天地之分？万物也是天地，哪里有什么万物之别？万物也是'我'，哪里有什么万物？'我'也是万物，哪里有什么'我'？哪个物不是'我'？哪个'我'不是物？能这样理解，就可以主宰天地、号

令鬼神了。更何况是人呢？更何况是物呢？"

论"名实"

【原文】

樵者问渔者曰："天何依？"

曰："依乎地。"

曰："地何附？"

曰："附乎天。"

曰："然则天地何依何附？"

曰："自相依附。天依形，地附气。其形也有涯，其气也无涯。有无之相生，形气之相息。终则有始，终始之间，其天地之所存乎？天以用为本，以体为末；地以体为本，以用为末。利用出入之谓神，名体有无之谓圣。唯神与圣，能参乎天地者也。"

渔樵问对

"小人则日用而不知,故有害生实丧之患也。

"夫名也者,实之客也①;利也者,害之主也。名生于不足,利丧于有余,害生于有余,实丧于不足。此理之常也。

"养身者必以利,贪夫则以身徇利,故有害生焉。立身必以名,众人则以身徇名,故有实丧焉。窃人之财谓之盗。其始取之也,唯恐其不多也。及其败露也,唯恐其多矣。夫贿之与赃,一物也,而两名者,利与害故也。窃人之美谓之徼②,其始取之也,唯恐其不多也。及其败露,唯恐其多矣。夫誉与毁,一事也,而两名者,名与实故也。

"凡言朝者,萃名之所也;市者,聚利之地也。能不以争处乎其间,虽一日九迁,一货十倍,何害生实丧之有耶?是知争也者,取利之端也;让也者,趋名之本也。利至则害生,名兴则实丧。利至名兴,而无害生实丧之患,唯有德者能之。天依地,地附天,岂相远哉!"

【注释】

①名也者，实之客也：出自《庄子·逍遥游》："名者，实之宾也，吾将为宾乎？"名，名声、名称。

②徼：侥幸，由于偶然的原因而成功或避免灾害。

【译文】

樵夫问："天依靠什么？"

渔夫答："天依靠于地。"

樵夫问："地依赖于什么？"

渔夫答："地依赖于天。"

樵夫问："那么天地又依附于什么？"

渔夫答："相互依附。天依托于地之形，地依赖于天之气。形有边际，气无边际。有无相生，形气相息。终而复始，天地大概就存在于终始之间吧？天以用为根本，以体为末节；地以它的体为根本，以用为末节。洞悉万物运行的玄妙法则，并以'利'使法则得到贯彻实行，这叫作神。懂得表面名声与实在本体的有无关系，就叫

渔樵问对

作圣。只有神与圣,能够参悟天地的奥秘。"

"普通百姓虽天天应用,却不了解事物的本质(不知进退),最终可能会带来真正的危害。

"名声是依附于'实'的客体,利益才是害人的主体。名,是人因能力修养不够而想努力得到。利,却是因人想得到更多。害于有余处产生,实于不足处丧亡。这些都是常理。

"生活于世必须依靠物质(利),故贪婪的人时时寻找利益,因此有危害产生。立身需要靠名声,故世人为争名而失去了'人'这一实体。窃人财物称之为盗,偷盗之时,唯恐东西偷得少,等到败露后,又怕东西多而定罪大。受他人之物为'贿',偷他人之物为'赃',同是财物,却有两个不同的名称,这是由于一个是利、一个是害。窃取他人美名的人称为侥幸者,他在窃取的时候,唯恐窃取得不够多,等到事情败露了,又害怕窃取得太多了。美誉与恶名,同一件事,(因取得方式不同)却有两个不同的名称,这是由于名与实有所不同。

"只要说到朝廷,大家都知道,那是聚名之地,而说到市集,大家也知道,那是聚利之地。如果能以不争名夺利之心居身朝廷或处于闹市,那么,即便是一天之内九次升迁,或者一样货物卖出十倍价钱,也不会有'害生实丧'之祸。由此可知,争夺是取利的发端,谦让是求名的根本。利至则害生,名兴则实亡。利至名兴,却没有'害生实丧'之祸,唯有厚德之人才能如此。天依托于地,地附着于天,两者又怎么会相距遥远呢?"

论"治乱"

【原文】

渔者谓樵者曰:"天下将治,则人必尚行也;天下将乱,则人必尚言也。尚行,则笃实①之风行焉;尚言,则诡谲之风行焉。天下将治,则人必尚义也;天下将乱,则人必尚利也。尚义,则谦让之风行焉;尚利,则攘夺

渔樵问对

之风行焉。"

"三王②，尚行者也；五霸③，尚言者也。尚行者必入于义也，尚言者必入于利也。义利之相去，一何如是之远耶？是知言之于口，不若行之于身。行之于身，不若尽之于心。言之于口，人得而闻之；行之于身，人得而见之；尽之于心，神得而知之。人之聪明④犹不可欺，况神之聪明乎？

"是知无愧于口，不若无愧于身；无愧于身，不若无愧于心。无口过易，无身过难；无身过易，无心过难。既无心过，何难之有！呼！安得无心过之人，与之语心哉！"

【注释】

①笃实：忠诚老实。语出《易·大畜》："大畜，刚健，笃实辉光，日新其德。"

②三王：夏、商、周三代之王，是夏禹、商汤、周文王、周武王的合称。

③五霸：《史记索隐》认为是齐桓公、晋文公、秦穆公、宋襄公、楚庄王；《荀子》认为是齐桓公、晋文公、楚庄王、吴王阖闾、越王勾践。

④聪明：这里指耳与目。

【译文】

渔者对樵夫说："天下将为治世的时候，人们必然崇尚行动；天下将为乱世的时候，人们必然崇尚言论。崇尚行动，则忠诚老实的风气就会盛行；崇尚言论，则狡诈多端的风气就会盛行。天下将为治世的时候，人们必然崇尚仁义；天下将为乱世的时候，人们必然崇尚利益。崇尚仁义，则廉洁、礼让的风气就盛行；崇尚利益，则争斗、掠夺的风气就盛行。"

"夏商周这三代的圣王都是崇尚行动的人；春秋五霸都是崇尚言论的人。崇尚行动必注重于仁义，崇尚言论必注重于利益。仁义与利益相比，相差多么远啊！由此可知，多言善辩不如身体力行，身体力行不如仁义怀

渔樵问对

于心。言谈,人们可以听得见;身行,人们可以看得见;尽心,神明可以知晓。人的耳目不可以被欺骗,更何况神的耳目?

"由此可知,无愧于口,不若无愧于身;无愧于身,不若无愧于心。要口头无过容易,要身行无过困难;要身行无过容易,要内心无过困难。如果内心都无过错,还有什么灾难!唉!要是能遇到内心无过之人,就可以与之交心畅谈!"

论"观物"

【原文】

渔者谓樵者曰:"子知观天地万物之道乎?"

樵者曰:"未也,愿闻其方。"

渔者曰:"夫所以谓之观物者,非以目观之也;非观之以目,而观之以心也;非观之以心,而观之以理也。

天下之物，莫不有理焉，莫不有性焉，莫不有命焉。所以谓之理者，穷①之而后可知也；所以谓之性者，尽之而后可知也；所以谓之命者，至②之而后可知也。"

"此三知者，天下之真知也，虽圣人无以过之也。而过之者，非所以谓之圣人也。夫鉴③之所以能为明者，谓其能不隐万物之形也；虽然鉴之能不隐万物之形，未若水之能一④万物之形也；虽然水之能一万物之形，又未若圣人之能一万物情也。圣人之所以能一万物之情者，谓其圣人之能反观也。所以谓之反观者，不以我观物也。不以我观物者，以物观物之谓也。

"既能以物观物，又安有我于其间哉？是知我亦人也，人亦我也，我与人皆物也。此所以能用天下之目为己之目，其目无所不观矣；用天下之耳为己之耳，其耳无所不听矣；天下之口为己之口，其口无所不言矣；用天下之心为己之心，其心无所不谋矣。夫天下之观，其于见也，不亦广乎！天下之听，其于闻也，不亦远乎！天下之言，其于论也，不亦高乎？天下之谋，其于乐也，

渔樵问对

渔樵问对

不亦大乎！夫其见至广，其闻至远，其论至高，其乐至大，能为至广、至远、至高、至大之事，而中无一为焉，岂不谓至神至圣者乎？非唯吾谓之至神至圣者乎，而天下谓之至神至圣者乎？非唯一时之天下谓之至神至圣者乎，而千万世之天下谓之至神至圣者乎？过此以往，未之或知也已。"

【注释】

①穷：追究到底。

②至：尽头。

③鉴：镜子。

④一：归同。

【译文】

渔夫问樵夫："你知道观察天地万物的方法吗？"

樵夫说："不知道，愿听你讲。"

渔夫说："所谓观物，并非以眼观物，而是以心观物，

不是以心观物,而是以理观物。天下之物,无不有其理,无不有其性,无不有其命。所谓理,深入研究可以知道;所谓性,研究透彻以后可以知道;所谓命,亲自体验以后可以知道。"

"此三种认知,就是天下的真智慧,就连圣人也无法超过。超出此三种认知,也就不只是人间的圣人了。镜子之所以能够清晰照出万物,是因为它不隐万物的形状;虽然镜子不隐万物的形状,但不如水能化成万物的形状;虽然水能化成万物的形状,又不如圣人能洞悉万物之情。圣人之所以洞悉万物之情,是因为圣人能够反观万物。所谓反观,就是不从'我'的角度去观物。不从'我'的角度去观物,而是从物的角度去观物。

"既然是从物的角度去观物,又怎么会有'我'的存在呢?由此可知,我是他人,他人也是我,我与他人都是物。这样才能以天下人之目为我目,则无所不见;以天下人之耳为我耳,则无所不闻;以天下人之口为我口,则无所不言;以天下人之心为我心,则无所不谋。如此

渔樵问对

观天下，其所见，怎能不广！普天之下，其所闻，怎能不远！谈论天下，其言论，怎能不高！谋划天下，其所乐，怎能不大！其见至广，其闻至远，其论至高，其谋至大，能够做到至广、至远、至高、至大，其中却没有任何人为的因素存在，这难道不可以称为至神至圣了吗？不只是我把这称为至神至圣，天下人都把这称为至神至圣。不只是一时之人把这称为至神至圣，而是千万世之人都把这称为至神至圣。无论是过去、现在还是未来，都是如此。"

论"人天"

【原文】

樵者问渔者曰："子以何道①而得鱼？"

曰："吾以六物具而得鱼。"

曰："六物具也，岂由天乎？"

曰："具六物而得鱼者，人也。具六物而所以得鱼者，非人也。"

樵者未达，请问其方。

渔者曰："六物者，竿也，纶②也，浮③也，沉④也，钩也，饵也。一不具，则鱼不可得。然而六物具而不得鱼者，非人也。六物具而不得鱼者有焉，未有六物不具而得鱼者也。是知具六物者，人也。得鱼与不得鱼，天也。六物不具而不得鱼者，非天也，人也。"

【注释】

①道：方法。

②纶：钓鱼用的丝线。

③浮：鱼漂，浮漂。用于传递鱼咬钩的信号、显示钓饵位置、调整饵钩水层深度及测量水深。

④沉：鱼坠。凭借钓者的投掷力量带动饵钩远投，并将其固定在某个水深层次。

渔樵问对

渔樵问对

【译文】

樵夫问渔夫："你用什么方法钓到鱼？"

渔夫答："我用六样物品钓到鱼。"

樵夫问："六样物品备足，其他的事情是看天意的安排吗？"

渔夫答："六物具备而钓上鱼，是因人的努力。但六物具备而能否钓到鱼，则非人能决定的了。"

樵夫不能理解，请渔夫指出其中的道理。

渔夫说："六物是鱼竿、鱼线、鱼漂、鱼坠、鱼钩、鱼饵。缺一样，则钓不上鱼。然而六物具备仍钓不到鱼，这就不是人的原因。六物备足却钓不到鱼，这种情况是有的，但是，六物不备却能钓到鱼，这种情况却是根本不存在的。因此备齐六物，是人事。钓上鱼与否，是天意。若六样物品不备齐而钓不到鱼，这不是天意，而是人的原因。"

【原文】

樵者曰:"人有祷①鬼神而求福者,福可祷而求耶?求之而可得耶?敢问其所以。"

曰:"语善恶者,人也,福祸者,天也。天道福善而祸淫,鬼神岂能违天乎?自作之咎,固难逃已;天降之灾,禳②之奚③益?修德积善,君子常分。安有余事于其间哉!"

樵者曰:"有为善而遇祸,有为恶而获福者,何也?"

渔者曰:"有幸与不幸也。幸不幸,命也;当不当,分④也。一命一分,人其逃乎?"

曰:"何谓分?何谓命?"

曰:"小人之遇福,非分也,有命也;当祸,分也,非命也。君子之遇祸,非分也,有命也;当福,分也,非命也!"

【注释】

①祷:人向天、向神求助、求福。

渔樵问对

②禳（ráng）：古代通过祭祀祷祝以消除灾祸的特定仪式。

③奚（xī）：疑问代词，何、什么。

④分：缘分，命运，机遇，应当。

【译文】

樵夫问："人向鬼神祈祷而祈求福祉，福祉可以通过祈祷而求得吗？祈求就可以得到吗？请讲讲其中的道理。"

渔夫答："谈论善恶的是人，降福降祸的是天。天之道，降福给善良的人和降祸给淫邪的人，鬼神岂能违逆天道？自己作孽而引起的罪过，当然难以逃避；上天降下的灾祸，祷祝能有什么用？修德积善，是君子的本分，哪会有其他的事情呢！"

樵夫问："有人行善却遭遇灾祸，有人为恶而得福，这是为什么？"

渔夫答："有幸运和不幸运之分而已，幸与不幸，

这是命运，遇不遇得到是本分，一个命运，一个本分，谁能逃得掉这些呢？"

樵夫问："什么是分？什么是命？"

渔夫答："小人得福，这不是他应得之本分，是他偶有此运，小人应当遭遇灾祸，这才是他应得的本分，而不是他偶有此命。君子遭遇灾祸，这不是他应得的本分，是他偶遭此运。君子得福才是他应得的本分，而不是偶有此命。"

论"义利"

【原文】

渔者谓樵者曰："人之所谓亲，莫如父子也；人之所谓疏，莫如路人也。利害在心，则父子过路人远矣。父子之道，天性也。利害犹或夺之，况非天性者乎？夫利害之移人，如是之深也，可不慎乎？路人之相逢则过之，

渔樵问对

固无相害之心焉,无利害在前故也。有利害在前,则路人与父子又奚择①焉?路人之能相交以义,又何况父子之亲乎!夫义者,让之本也;利者,争之端也。让则有仁,争则有害。仁与害,何相去之远也!尧、舜亦人也,桀、纣亦人也。人与人同,而仁与害异尔。仁因义而起,害因利而生。利不以义,则臣弑②其君者有焉,子弑其父者有焉。岂若路人之相逢,一目而交袂③于中逵④者哉!"

【注释】

①择:选择,这里引申为分别出。

②弑:古时称臣杀君、子杀父母。

③袂(mèi):衣袖。

④中逵:中途。逵,四通八达的道路。

【译文】

渔夫对樵夫说:"人们所说的亲近关系莫过于父子;人们所说的疏远关系,莫过于路人。如果心里只想着利益,

那么父子关系比路人还疏远。与生俱来的父子亲密关系，利益都能破坏它，更何况天生就不亲近的关系呢！所以利益对人的影响如此之大，怎能不谨慎看待呢！路人擦肩而过，之所以没有相互残害的想法，是因为他们之间没有利益关系。如果有利在先，那么路人和父子，又有什么分别呢？路人尚且能以义气相交，更何况父子这样亲近的关系呢？所以，义是礼让的根本，利是争斗的开端。礼让则仁义在，争夺则祸患生。仁义和灾祸，相差是多么大啊！尧、舜是人，桀、纣也是人。都是人，是仁心与恶念让他们有了区别。仁因义而起，恶因利而生。谋利不以义为前提，那么就会有臣杀君、子杀父之事。这样就真不如擦肩而过的路人了啊！"

渔樵问对

渔樵问对

论"力分"

【原文】

樵者谓渔者曰："吾尝负薪矣，举百斤而无伤吾之身，加十斤则遂伤吾之身，敢问何故？"渔者曰："樵则吾不知之矣。以吾之事观之，则易地皆然。吾尝钓而得大鱼，与吾交战。欲弃之，则不能舍；欲取之，则未能胜。终日而后获，几有没溺①之患矣。非直有身伤之患耶！鱼与薪则异也，其贪而为伤则一也。百斤力，分之内者也；十斤力，分之外者也。力分之外，虽一毫犹且为害，而况十斤乎？吾之贪鱼，亦何以异子之贪薪乎！"

樵者叹曰："吾而今而后，知量力而动者，智矣哉！"

【注释】

①没（mò）溺：淹没，溺亡。

【译文】

　　樵夫问渔夫："我经常背柴，背一百斤觉得没有问题，但多加十斤我就无法承受，请问这是什么原因？"渔夫答："砍柴负薪的事情我不清楚。从我打鱼的经验来看这些道理，换个角度就全明白了。我有一次钓到了一条大鱼，鱼为了逃脱则跟我较量。我想放弃，却又舍不得，我想把大鱼拉上来，却又没那么大力量。最终，在跟大鱼较量了一整天之后，我捕获了大鱼。为了这条大鱼，我差点沉到水里淹死。这不就是把生命置于危险之处吗！钓鱼与打柴虽不一样，但因贪而受伤却是一样的。一百斤，是你力所能及的，再加十斤，则在你所能承受重量之外。承受力之外，加一毫都是有害的，何况十斤！我贪求大鱼，你贪求柴多，我们之间又有什么不同呢！"

　　樵夫感叹道："我从今以后，一定要明白量力而行，这才是明智的行为啊！"

渔樵问对

论"易理"

【原文】

樵者谓渔者曰:"子可谓知《易》[①]之道矣,吾敢问'《易》有太极',太极,何物也?"

曰:"无为之本也"。

曰:"太极生两仪,两仪,天地之谓乎?"

曰:"两仪,天地之祖也,非止为天地而已也。太极分而为二,先得一为一,后得一为二。一二谓两仪。"

曰:"两仪生四象,四象,何物也?"

曰:"四象谓阴阳刚柔。有阴阳,然后可以生天,有刚柔,然后可以生地。立功之本,于斯为极。"

曰:"四象生八卦,八卦,何谓也?"

曰:"谓乾、坤、离、坎、兑、艮、震、巽之谓也[②],迭相盛衰,终始于其间矣。因而重之,则六十四由是而生也,而《易》之道始备矣。"

【注释】

①易:《易经》。

②乾、坤、离、坎、兑、艮、震、巽:《易经》中的八种基本图形,也称八卦。

【译文】

樵夫问:"你可以说是通晓《易经》的道理了。请问:'《易》有太极'所说的太极是何物?"

渔夫答:"无为之本源。"

樵夫问:"太极生两仪,两仪指的是天地吗?"

渔夫答:"两仪是孕育天地的东西,并非单指天地。太极一分为二,先生成一个称之为一,又生成一个就是二,一和二合称为两仪。"

樵夫问:"两仪生四象,四象为何物?"

渔夫答:"四象,指的是阴阳和刚柔。阴阳相交产生了天,刚柔相济产生了地,一切事物的根本,始于斯,终于斯。"

渔樵问对

樵夫问:"四象生八卦。八卦是什么?"

渔夫答:"八卦是指乾、坤、离、坎、兑、艮、震、巽这八种卦象。万物兴衰更替都不离其中,此消彼长,不断重复,六十四卦也由此而生,《易经》的道理就于其间生成并完备。"

【原文】

樵者问渔者曰:"复①何以见天地之心乎?"

曰:"先阳已尽,后阳始生,则天地始生之际。中则当日月始周之际,末则当星辰始终之际。万物死生,寒暑代谢,昼夜迁变,非此无以见之。当天地穷极之所必变,变则通,通则久。故《象》言②'先王以至日③闭关,商旅不行,后不省方',顺天故也。"

【注释】

①复:复卦。《易经》六十四卦的第二十四卦。

②《象》言:解释《易经》中卦和爻的辞。

③至日：冬至日。

【译文】

樵夫问渔者："为什么说从复卦可以窥见天地的根本呢？"

渔夫答："先生之阳气已经消尽，后至之阳气开始生发，天地于此刻开始形成，日月渐渐进入确定轨道并开始周期性运行，最后所有星辰也各归其位，并以确定的周期运转。万物生死循环，寒暑更替，昼夜变换，没有这些，就无法看出天地的根本。当天地的阴阳之气达至极致时，就必然会发生变化，变化就能通畅，通畅就能长久，因此复卦的《象》辞说'古代的帝王于冬至这一天关闭关口，商人不行商，旅人不旅行，君主不巡察四方'，这是要顺应天时的缘故。"

【原文】

樵者谓渔者曰："无妄①，灾也。敢问其故？"

渔樵问对

曰："妄则欺也，得之必有祸，斯有妄也。顺天而动，有祸及者，非祸也，灾也。犹农有思丰而勤稼穑者，其荒也，不亦祸乎？农有勤稼穑而复败诸水旱者，其荒也，不亦灾乎？故《象》言'先王以茂对时，育万物'，贵不妄也。"

【注释】

①无妄：无妄卦。是《易经》六十四卦之第二十五卦。

【译文】

樵夫问："从无妄卦可以看到灾祸。请问这是什么原因？"

渔夫答："虚妄就是欺骗，有欺骗就必然有祸害。所以称之为妄。顺天而行，还遭遇祸患，这不是人祸，而是天灾。就像农民祈盼丰收却不去辛勤耕种，结果田地荒芜而无所收获，这不就是人祸吗？假如农人努力耕

种，但田地却因水灾或旱灾而荒芜，这不就是天灾吗？由此，无妄卦的《象》辞说'古代的君王勉力应时，养育万物'，这是贵在不妄。"

【原文】

樵者问曰："姤①，何也？"

曰："姤，遇也，柔遇刚也，与夬②正反。夬始逼壮，姤始遇壮，阴始遇阳，故称姤焉。观其姤，天地之心亦可见矣。圣人以德化及此，罔③有不昌。故《象》言'施命告四方'，'履霜'之慎，其在此也。"

渔者谓樵者曰："春为阳始，夏为阳极；秋为阴始，冬为阴极。阳始则温，阳极则热；阴始则凉，阴极则寒。温则生物，热则长物，凉则收物，寒则杀物。皆一气别而为四焉。其生万物也亦然。"

【注释】

① 姤：姤卦。是《易经》六十四卦之第四十四卦。

渔樵问对

②夬（guài）：夬卦。是《易经》六十四卦之第四十三卦。

③罔：没有。

【译文】

樵夫问："姤卦讲什么？"

渔夫答："姤就是相遇。姤卦是柔遇见刚，这跟夬卦正好相反，因为夬开始就近于强壮，姤是弱遇到强，阴遇到阳，所以称之为姤。观察姤卦，从中可以看到天地运行的规律。圣人的德行既然能够感化到天地，那就没有什么东西不昌盛了。因此，姤卦的《象》辞说'君主施行政令，布告四方'，从姤卦开始，就好像踩到了如霜的薄冰，凡事要小心谨慎了。"

渔夫接着说："春天是阳气生发之时，夏天是阳气极盛之时，秋天是阴气生发之时，冬天是阴气极盛之时。阳气开始生发，天气就温和；阳气极盛，天气就炎热；阴气开始生发，天气就凉爽；阴气极盛，天气就寒冷。

天气温和，万物就萌芽；天气炎热，万物就生长；天气凉爽，万物就收敛；天气寒冷，万物就肃杀。这是一气分化为四时的结果，生养万物，也是如此。"

论"人与物"

【原文】

樵者问渔者曰："人之所以能灵于万物者，何以知其然耶？"

渔者对曰："人之所以能灵于万物者，谓其目能收万物之色，耳能收万物之声，鼻能收万物之气，口能收万物之味。声色气味者，万物之体也。目耳鼻口者，万人之用也。体无定用，唯变是用；用无定体，唯化是体。体用交而人物之道于是乎备矣。然则人亦物也，圣人亦人也。"

"有一物之物，有十物之物，有百物之物，有千物

渔樵问对

之物,有万物之物,有亿物之物,有兆物之物。生一一之物,当兆物之物,岂非人乎?

"有一人之人,有十人之人,有百人之人,有千人之人,有万人之人,有亿人之人,有兆人之人。生一一之人,当兆人之人者,岂非圣乎?是知人也者,物之至者也;圣也者,人之至者也。

"物之至者,始得谓之物之物也;人之至者,始得谓之人之人也。夫物之至者,至物之谓也;而人之至者,至人之谓也。以一至物而当一至人,则非圣人而何?人谓之不圣,则吾不信也。何哉?谓其能以一心观万心,一身观万身,一物观万物,一世观万世者焉;又谓其能以心代天意,口代天言,手代天工,身代天事者焉;又谓其能以上识天时,下尽地理,中尽物情,通照人事者焉;又谓其能以弥纶①天地,出入造化②,进退今古,表里人物者焉。

"噫!圣人者,非世世而效圣焉,吾不得而目见之也。虽然吾不得而目见之,察其心,观其迹,探其体,潜其用,

虽亿万年亦可以理知之也。

"人或告我曰：'天地之外，别有天地万物，异乎此天地万物。'则吾不得而知已。非唯吾不得而知之也，圣人亦不得而不知之也。凡言知者，谓其心得而知之也。言言者，谓其口得而言之也。既心尚不得而知之，口又恶得而言之乎？以心不可得知而知之，是谓妄知也；以口不可得言而言之，是谓妄言也。吾又安能从妄人而行妄知、妄言者乎？"

【注释】

①弥纶：综括，贯通。

②造化：这里指宇宙。

【译文】

樵夫问渔夫："人被认为是万物中最聪明的，这是什么原因呢？"

渔夫回答："因为人的眼睛能看见万物的颜色，耳

渔樵问对

朵能听到万物的声音，鼻子能闻到万物的气味，嘴巴能尝到万物的味道。声、色、气、味，是万物的本质属性。眼睛、耳朵、嘴巴、鼻子，人人皆用。物质的属性没有固定的用途，它的作用因人而变；我们需要某种功用，并不特别指定某一物质，而是就地取材使之变成可用之物。物质和功用相契合，于是人和万物的关系就和谐完备了。然而，人也归于万物，圣人也是人。"

"有感知一物之物，有感知十物之物，有感知百物之物，有感知千物之物，有感知万物之物，有感知亿物之物，有感知兆物之物。能让众物归一的（总结万物之理），应该是能够感知兆物之物，难道不是人吗？

"有统领一人的人，有统领十人的人，有统领百人的人，有统领千人的人，有统领万人的人，有统领亿人的人，有统领兆人的人，能让天下人都追随的人，应是统领兆人的人，难道不是圣人吗！所以说，人是物的极致，圣人是人的极致。

"物中的极致之物，称作物中之物，人中的极致之人，

称为人中之人。物之极叫至物，人之极叫至人。从至物到至人，这不是圣人是什么？人们不称他为圣人我是不信的。为什么呢？因为他能通过一人之心推及万人之心，以一己之身推及万人之身，以一物而推及万物，通过一世而能推及万世！他又能用心感知天意，说符合天道的言论，做符合天道的事，以己身践行天道！他还能上识天时，下穷地理，中尽物情，洞彻人性！他的思想综括天地万物，在无形宇宙中出入，于今古之中进退，参透了人性和万物。

"唉！圣人并非世世代代都会出现，我没有机会见到圣人。尽管我没机会亲眼见到圣人，但我可以感知他的心思，寻找他的形迹，探究他的本质，研究他的行为，哪怕他跟我相隔亿万年，我也可以依此（上面那些方法）推知他的存在。

"若有人告诉我说：'天地之外，还有另外的天地万物，跟我们所在的天地是不一样的。'那我就不得而知了。不仅我不得而知，就是圣人也不得而知啊！所有

渔樵问对

说到'知'的，都是指用心体悟出的知识，所有说到'言'的，都是指通过口头来传达思想。既然心还没真正理解，又怎么能用语言准确表达呢？若心不能真正体悟理解，所求之知就叫妄知；若无法用语言准确表达出来，就叫妄言。我又怎么能如妄人一样去追求妄知、妄言呢？"

【原文】

渔者谓樵者曰："仲尼[①]有言曰：'殷[②]因于夏礼，所损益[③]可知也；周因于殷礼，所损益可知也。其或继周者，虽百世可知也。'夫如是，则何止百世而已哉！亿千万世，皆可得而知之也。"

"人皆知仲尼之为仲尼，不知仲尼之所以为仲尼，不欲知仲尼之所以为仲尼则已，如其必欲知仲尼之所以为仲尼，则舍天地将奚之焉？

"人皆知天地之为天地，不知天地之所以为天地。不欲知天地之所以为天地则已，如其必欲知天地之所以为天地，则舍动静将奚之焉？夫一动一静者，天地至妙

者与？夫一动一静之间者，天地人至妙者与？是知仲尼之所以能尽三才之道者，谓其行无辙迹也。故有言曰：'予欲无言'，又曰：'天何言哉！四时行焉，百物生焉'。其此之谓与？"

【注释】

①仲尼：孔子。

②殷：商朝。

③损益：减少和增加。

【译文】

渔夫对樵夫说："孔子说：'殷朝的礼仪因袭夏朝的礼仪，减少了哪些礼节，增加了哪些礼节，这是可以知道的；周朝的礼仪因袭殷朝的礼仪，减少了哪些礼节，增加了哪些礼节，这是可以知道的。只要承袭三代之礼，以后或许出现有代周而立的朝代，那个朝代即便是距离我有一百个世代那么遥远，它的礼仪还是可以知道的。'

渔樵问对

像孔子说的这样,可以知道的礼仪又何止是一百个世代之后的礼仪呢?就算是一千个世代、一万个世代、一亿个世代之后的礼仪,也是可以知道的。"

"人们都知道孔子这名字所指是(众人所知的圣人)孔子,但却不知道孔子之所以能成为(圣人)孔子的原因。不想知道孔子之所以能够成为(圣人)孔子的原因也就算了,如果一定想知道孔子之所以能够成为(圣人)孔子的原因,那么,除了到天地之中去寻找答案,还能到哪里去寻找答案呢?

"人们都知道天地之名所指的天地,但却不知道天地之所以能够成为天地的原因。不想知道天地之所以能够成为天地的原因也就算了,如果一定想知道天地之所以能够成为天地的原因,那么,除了到'动静'之中去寻找答案,还能到哪里去寻找答案呢?一动一静,不就是天地奥妙之所在吗?天地的动静之间有了人的参与,不就是天、地、人三者奥妙之所在吗?由此可知,孔子之所以能够穷尽天、地、人三者之道,正是因为他的行

为没有留下痕迹（顺应自然之无为）。所以孔子说：'我什么也没说。'又说：'天何尝说过话！四季依序更替，万物自然生长。'难道说的不是这个道理吗？"

论"权变"

【原文】

渔者谓樵者曰："大哉！权①之与变乎？非圣人无以尽之。变然后知天地之消长，权然后知天下之轻重。消长，时也；轻重，事②也。时有否泰③，事有损益。圣人不知随时否泰之道，奚由知变之所为乎？圣人不知随时损益之道，奚由知权之所为乎？运消长者，变也；处轻重者，权也。是知权之与变，圣人之一道耳。"

【注释】

①权：权衡，称量物体轻重的器具。引申为评量、

渔樵问对

判断、法度、标准。

②事：自然界和社会中的一切现象和活动。

③否泰：《周易》中的两个卦名。天地不交，闭塞谓之否；天地相交，亨通谓之泰。后以"否泰"指世道的盛衰，命运的顺逆。

【译文】

渔夫对樵夫说："真是伟大啊！权衡与变化，非圣人不能说得清楚。有变化，然后才能知道天地之气的消长；有权衡，然后才能知道天下之物的轻重。消长，是时间的变化；轻重，是事物的变化。时运有顺逆，事物有损益。圣人如果不知道顺应时间而有顺逆之变化，又怎么理解变化所起的作用呢？圣人如果不知道顺应时间有损益之变化，又怎么理解权衡所起的作用呢？令消长得以发生的，是变化；令轻重得以区分的，是权衡。由此可知，权衡与变化，是圣人行事一贯所坚持的法则。"

论"生死"

【原文】

樵者问渔者曰:"人谓死而有知,有诸?"

曰:"有之。"

曰:"何以知其然?"

曰:"以人知之。"

曰:"何者谓之人?"

曰:"目耳鼻口、心胆脾肾之气全,谓之人。心之灵曰神,胆之灵曰魄,脾之灵曰魂,肾之灵曰精;心之神发乎目,则谓之视;肾之精发乎耳,则谓之听;脾之魂发乎鼻,则谓之臭①;胆之魄发乎口,则谓之言。八者具备,然后谓之人。"

"夫人也者,天地万物之秀气也。然而亦有不中者,各求其类也。若全得人类,则谓之曰全人之人。夫全类者,天地万物之中气也,谓之曰全德之人也。全德之人者,人之人者也。夫人之人者,仁人之谓也。唯全人,然后

渔樵问对

能当之。

"人之生也,谓其气行;人之死也,谓其形返。气行则神魂交,形返则精魄存。神魂行于天,精魄返于地。行于天,则谓之曰阳行;返于地,则谓之曰阴返。阳行则昼见而夜伏者也,阴返则夜见而昼伏者也。

"是故,知日者月之形也,月者日之影也,阳者阴之形也,阴者阳之影也,人者鬼之形也,鬼者人之影也。人谓鬼无形而无知者,吾不信也。"

【注释】

①臭:同"嗅"。

【译文】

樵夫问渔夫:"人们说人死后还有感知,有这种事吗?"

渔夫答:"有。"

樵夫问:"从哪里知道有呢?"

渔夫答:"通过人知道。"

樵夫问:"具备什么条件才能称为'人'呢?"

渔夫答:"眼睛、耳朵、鼻子、嘴、心、胆、脾、肾这八个部位的气全备,就称为人。心的灵气称为神,胆的灵气称为魄,脾的灵气称为魂,肾的灵气称为精。心的神从眼睛显现,称为视;肾的精从耳朵显现,称为听;脾的魂从鼻子显现,称为嗅;胆的魄从嘴显现,称为言。以上八个要素都具备,然后才可称为人。"

"人,禀天地万物之灵气而生。然而也有缺少某一方面而不符合这一标准的人,他们会寻求属于自己的群属。如果各方面都齐全的人,则称为全人。全人得万物中和之气,则称为全德之人。全德之人,为人中之人。人中之人,也就是仁人的意思。唯有全人,才配得上仁人的称谓。

"人活着的时候,是阳气在运行。人死了,形体返归尘土。气行则神魂交,形返则精魄存。神魂行于天,精魄返于地。行于天,称之为阳行,返于地,称之为阴返。

渔樵问对

阳行者于白天出现而夜间潜伏，阴返者于夜间出现而白天潜伏。

"由此可知，太阳是月亮的形体，月亮是太阳的影子，阳者是阴者的形体，阴者是阳者的影子，人是鬼的形体，鬼是人的影子。人们说鬼没有形体，没有知觉，我不相信这种说法。"

论"君子与小人"

【原文】

樵者问渔者曰："小人可绝乎？"

曰："不可。君子禀阳正气而生，小人禀阴邪气而生。无阴则阳不成，无小人则君子亦不成，唯以盛衰乎其间也。阳六分，则阴四分；阴六分，则阳四分；阳阴相半，则各五分矣。由是知君子小人之时有盛衰也。治世则君子六分。君子六分，则小人四分，小人固不胜君子矣。乱

世则反是。君君，臣臣，父父，子子，兄兄，弟弟，夫夫，妇妇，谓各安其分也。君不君，臣不臣，父不父，子不子，兄不兄，弟不弟，夫不夫，妇不妇，谓各失其分也。此则由世治世乱使之然也。"

"君子常行胜言，小人常言胜行。故世治则笃实之士多，世乱则缘饰①之士众。笃实鲜不成事，缘饰鲜不败事。成多国兴，败多国亡。家亦由是而兴亡也。夫兴家与兴国之人，与亡国亡家之人，相去一何远哉！"

【注释】

①缘饰：修饰。语出《史记·平津侯主父列传》："习文法吏事，而又缘饰以儒术。"

【译文】

樵夫问渔夫："小人可以绝迹吗？"

渔夫答："不能。君子秉承阳正之气而生，小人秉承阴邪之气而生。无阴则阳无法形成，无小人则君子也

渔樵问对

无法形成,是盛衰变化于其间起作用。阳六分,则阴四分;阴六分,则阳四分;阴阳各半,则各占五分。由此而知,君子与小人各有盛衰之时。治世,君子占六分。君子占六分,小人就占四分,在这样的情况下,小人不能胜君子。乱世则与治世相反。君安君位,臣安臣位,父安父位,子安子位,兄安兄位,弟安弟位,夫安夫位,妻安妻位,这就叫各安其分。君不安君位,臣不安臣位,父不安父位,子不安子位,兄不安兄位,弟不安弟位,夫不安夫位,妻不安妻位,这就叫各失其分。这是治世与乱世造成的不同结果。"

"君子行多于言,小人言多于行。因此,在治世忠诚本分之人居多,在乱世巧言令色之人居多。人若忠诚本分,很少有不成事的;人若巧言令色,很少有不败事的。成事者多,国家就兴旺;败事者多,国家就会灭亡。同理,家庭亦由成多而兴,因败多而亡。兴国、兴家之人与亡国、亡家之人相比,两者的差距是多么大啊!"

论"才正与不正"

【原文】

樵者问渔者曰:"人所谓才者,有利焉,有害焉者,何也?"

渔者曰:"才一也,利害二也。有才之正者,有才之不正者。才之正者利乎人,而及乎身者也;才之不正者利乎身,而害乎人者也。"

曰:"不正,则安得谓之才?"

曰:"人所不能而能之,安得不谓之才?圣人所以惜乎才之难者,谓其能成天下之事而归之正者寡①也。若不能归之以正,才则才矣,难乎语其仁也。譬犹药之疗疾也,毒药②亦有时而用也。可一而不可再也,疾愈则速已,不已则杀人矣。平药则常日用之可也,重疾非所以能治也。能驱重疾而无害人之毒者,古今人所谓良药也。"

"《易》曰:'大君有命,开国承家,小人勿用。'如是,则小人亦有时而用之。时平治定,用之则否。《诗》

渔樵问对

云：'它山之石，可以攻玉。'其小人之才乎！"

【注释】

①寡：少。

②毒药：药性猛烈的药。与下文的"平药"相对而言。

【译文】

樵夫问："人们所说的才华，有利，也有害，这是为什么？"

渔夫答："才华是一，利害是二。才华有正与不正之分。才华正，利于人，亦利于己；才华不正，虽利于己，却害于人。"

樵夫问："才华不正，怎么还能称为才华？"

渔夫答："别人没这个能力，他有这个能力，怎么不能称为才华呢？圣人之所以感叹有才华者难遇，是因为能够成就天下的事业而又能够归于正道的人很少。如果不能归于正道，虽有才华，也很难说他是仁德之人。

譬如以药治病，有时候需用到药性猛烈的药，但烈性药只可以偶尔使用，不能反复使用，疾病一旦痊愈，就要迅速停止，若不停止使用烈性药，烈性药就会害死人。平和的药在遇到小病的情况下使用是可以的，但遇到重病的情况，它就没办法医治了。能够医治重病而又没有害人的毒性的，这样的药古往今来都称之为良药。"

"《易经·师卦》上六爻的爻辞说：'国君颁布诏命，建立邦国，继承封邑，不要重用小人。'由此可知，有时候也会用到小人。不过，治平之世，用小人就不好。《诗经·鹤鸣》有言：'它山之石，可以攻玉。'这里所讲的就是小人的才华吧！"

论"择用"

【原文】

樵者谓渔者曰："国家之兴亡，与夫才之邪正，则

渔樵问对

固得闻命矣。然则何不择其人而用之?"

渔者曰:"择臣者,君也;择君者,臣也。贤愚各从其类而为。奈何有尧舜之君,必有尧舜之臣;有桀纣之君,而必有桀纣之臣。尧舜之臣,生乎桀纣之世,犹桀纣之臣,生于尧舜之世,必非其所用也。虽欲为祸为福,其能行乎?"

"夫上之所好,下必好之。其若影响,岂待驱率①而然耶?上好义,则下必好义,而不义者远矣;上好利,下必好利,而不利者远矣。好利者众,则天下日削矣;好义者众,则天下日盛矣。日盛则昌,日削则亡。盛之与削,昌之与亡,岂其远乎?在上之所好耳。夫治世何尝无小人,乱世何尝无君子,不用则善恶何由而行也。"

【注释】

①驱率:驱使和率领。

【译文】

樵夫问渔夫:"国家的兴亡和才华的正与不正,我已经听你讲述过了。可是,为什么不任用合适的人呢?"

渔夫答:"选择臣子的,是君主;选择君主的,是臣子。贤者和愚人各自追随他们的同类人而行。让人无奈的是,有尧舜那样的君主,就有像尧舜那样的臣子;有桀纣那样的君主,就有像桀纣那样的臣子。假若像尧舜那样的臣子,出生在桀纣的时代,或者像桀纣那样的臣子,出生在尧舜的时代,就一定不为君主所用。既然不为所用,就算想行恶或者为善,他们能做到吗?"

"上位者所喜欢的,下位者必然会投其所好。这就好比人的影子和声音的回响,岂是需要驱使和引领才这样的呢?在上位者好义,在下位者就一定好义,而不好义之人就会远离;在上位者好利,在下位者就一定好利,而不好利之人就会远离。好利之人多,天下就会日渐削弱;好义之人多,天下就会日渐兴盛。日渐兴盛就会昌隆,日渐削弱就会灭亡。兴盛与削弱、昌隆与灭亡,其间的

渔樵问对

距离相差遥远吗？关键是看上位者的喜好罢了。治世何尝无小人？乱世何尝无君子？不用二者，善恶的行为怎么能够实施呢。"

论"善恶"

【原文】

樵者曰："善人常寡，而不善人常众；治世常少，乱世常多，何以知其然耶？"

曰："观之于物，何物不然？譬诸五谷，耘①之而不苗者有矣。蓬莠②不耘而犹生，耘之而求其尽也，亦未如之何矣！由是知君子小人之道，有自来矣。君子见善则喜之，见不善则远之；小人见善则疾之，见不善则喜之。善恶各从其类也。"

"君子见善则就之，见不善则违之；小人见善则违之，见不善则就之；君子见义则迁，见利则止；小人见

义则止，见利则迁。迁义则利人，迁利则害人。利人与害人，相去一何远耶？

"家与国一也，其兴也，君子常多而小人常鲜。其亡也，小人常多而君子常鲜。君子多而去之者，小人也；小人多而去之者，君子也。君子好生，小人好杀；好生则世治，好杀则世乱。君子好义，小人好利。治世则好义，乱世则好利。其理一也。"

【注释】

①耘：除草。

②蓬莠：蓬草和莠草，形容杂草丛生。

【译文】

樵夫问："善人总是少，不善之人总是很多；治世总是少，乱世总是多。为什么是这样呢？"

渔夫答："观察天地万物，哪样事物不是这样？以种五谷为例，尽心除草耕种却不出苗。而杂草不需要耕

渔樵问对

种仍然生长，即使除尽杂草，也不见得能获丰收。由此可知，君子之道与小人之道，有其自然之理。君子看见善行就喜欢，看见不善之行就远离；小人看见善行就憎恶，看见不善之行就喜欢。善和恶各归其类。"

"君子看见善行就亲近它，看见不善之行就远离它；小人看见善行就远离它，看见不善之行就亲近它。君子看见义举就靠近并支持，看见利益就停下；小人看见义举就停下，看见利益就靠近想获取。向义靠近就利于他人，向利靠近就害于他人。利于他人与害于他人，两者相差何其远啊！

"家庭与国家是一样的，它们兴旺的时候，君子常多而小人常少；它们衰败的时候，小人常多而君子常少。君子多，却离君子而去的，是小人；小人多，却离小人而去的，是君子。君子喜欢保护生命，小人喜欢杀害生命。热爱生命，世界就治平；喜好杀伐，世界就混乱。君子讲义，小人讲利。治世讲义，乱世讲利。道理是一样的。"

【原文】

钓者谈已,樵者曰:"吾闻古有伏羲①,今日如睹其面焉。"拜而谢之,及旦而去。

【注释】

①伏羲:字太昊,三皇之一。传说他根据天地万物变化创立八卦。

【译文】

渔夫讲完了。樵夫说:"我听说古代有伏羲氏,今天看见你,就像看见了伏羲氏。"于是拜谢渔夫,天亮后就离开了。

渔樵问对

附录

渔樵问对

皇极经世书·观物内篇（节选）

一

物之大者无若天地，然而亦有所尽也。天之大，阴阳尽之矣；地之大，刚柔尽之矣。阴阳尽而四时成焉，刚柔尽而四维成焉。夫四时四维者，天地至大之谓也，凡言大者，无得而过之也。亦未始以大为自得，故能成其大，岂不谓至伟至伟者与？

（首言万物莫大于天地。天地之大也，尽之于阴阳刚柔，二太二少。立天之道，曰阴与阳。太阳、少阳，太阴、少阴，分之而成乎四时。天之大尽乎是矣。立地之道，曰柔与刚。太刚、少刚，太柔、少柔，分之而成乎四维。地之大尽乎是矣。故四时运而天行不息，四维具而地势

不亏。凡物类之。生成覆载，孰有过其至大者乎！原乎天地之心，亦未始以大为自得。天依于地，天之所以成乾，而时惕无亢，地附乎天，地之所以成坤，而安贞无咎也。两赞其至伟，两明其至大也如此。）

天生于动者也，地生于静者也，一动一静交，而天地之道尽之矣。动之始则阳生焉，动之极则阴生焉，一阴一阳交而天之用尽之矣；静之始则柔生焉，静之极则刚生焉，一刚一柔交而地之用尽之矣。动之大者谓之太阳，动之小者谓之少阳；静之大者谓之太阴，静之小者谓之少阴。太阳为日，太阴为月，少阳为星，少阴为辰，日月星辰交而天之体尽之矣。静之大者谓之太柔，静之小者谓之少柔；动之大者谓之太刚，动之小者谓之少刚。太柔为水，太刚为火，少柔为土，少刚为石，水火土石交而地之体尽之矣。

（夫阴阳刚柔，根极为动静者也。而动静之生，天地以判。动静之交，天地以合。故动而生阳，动极则阴生。静而生柔，静极则刚生。天阳而阴从焉，地柔而刚交焉。

附录 皇极经世书·观物内篇（节选）

渔樵问对

始而之乎极,皆交而既于尽者也。凡为天地之用,道盖如此。唯是阴阳刚柔,各以动静之大小分太少,得气多者太,得气少者少也。太阳日,太阴月,少阳星,少阴辰,分属于乾、兑、离、震,交焉而天体尽是矣。太柔水,太刚火,少柔土,少刚石,分属于坤、艮、坎、巽,交焉地体尽是矣。此一分而两,两交而四,四交而八,八交而十六,十六交而三十二之不离乎一动一静也。)

日为暑,月为寒,星为昼,辰为夜,暑寒昼夜交而天之变尽之矣。水为雨,火为风,土为露,石为雷,雨风露雷交而地之化尽之矣。暑变物之性,寒变物之情,昼变物之形,夜变物之体,性情形体交而动植之感尽之矣。雨化物之走,风化物之飞,露化物之草,雷化物之木,走飞草木交而动植之应尽之矣。

(是故寒暑昼夜者,日月星辰之本天而变也,而动植万物之性情形体,由以感。雨风露雷者,水火土石之本地而化也,而动植万物之走飞草木,由以应,为变为化,为感为应,不交不生,不生不备,而天地乌乎尽矣。)

走，感暑而变者，性之走也，感寒而变者，情之走也，感昼而变者，形之走也，感夜而变者，体之走也。飞，感暑而变者，性之飞也，感寒而变者，情之飞也，感昼而变者，形之飞也，感夜而变者，体之飞也。草，感暑而变者，性之草也，感寒而变者，情之草也，感昼而变者，形之草也，感夜而变者，体之草也。木，感暑而变者，性之木也，感寒而变者，情之木也，感昼而变者，形之木也，感夜而变者，体之木也。

（唯是走飞草木之物，附于地，感天而变焉，而各有暑寒昼夜之分。则其分乎。性情形体之亦走飞草木也，区以别矣。故一而四，四而十六，而坤、艮、坎、巽，各受乾、兑、离、震之十六卦。方圆二图不可按而识与？）

性，应雨而化者，走之性也，应风而化者，飞之性也，应露而化者，草之性也，应雷而化者，木之性也。情，应雨而化者，走之情也，应风而化者，飞之情也，应露而化者，草之情也，应雷而化者，木之情也。形，应雨而化者，走之形也，应风而化者，飞之形也，应露而化

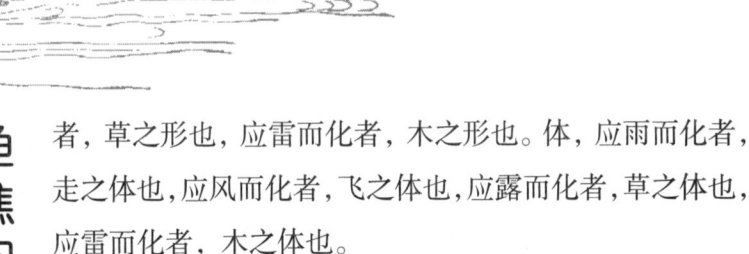

渔樵问对

者，草之形也，应雷而化者，木之形也。体，应雨而化者，走之体也，应风而化者，飞之体也，应露而化者，草之体也，应雷而化者，木之体也。

（唯是性情形体之类，根于天，应地而化为。而各有雨风露雷之分。则其分乎走飞草木之性情形体也，散以殊矣。故仍一而四，四而十六，而乾、兑、离、震，各合坤、艮、坎、巽之十六卦。方圆二图不又可得而悉与？此二节天唱乎地，地感而变蕃。地和乎天，天应而化合也。）

性之走善色，情之走善声，形之走善气，体之走善味。性之飞善色，情之飞善声，形之飞善气，体之飞善味。性之草善色，情之草善声，形之草善气，体之草善味。性之木善色，情之木善声，形之木善气，体之木善味。

（于是有善色善声善气善味之辨。色根性生，声由情发，气从形载，味与体宜。之四者，无论属之走飞草木，而莫不各善是也。色者火，应肉；声者水，应血；气者石，应骨；味者土，应髓。艮也，坤也，巽也，坎也，地也，

而承乎乾目、兑耳、离鼻、震口之司感于天者，凡十六卦也。）

走之性善耳，飞之性善目，草之性善口，木之性善鼻。走之情善耳，飞之情善目，草之情善口，木之情善鼻。走之形善耳，飞之形善目，草之形善口，木之形善鼻。走之体善耳，飞之体善目，草之体善口，木之体善鼻。

（于是有善耳、善目、善口、善鼻之辨。耳迎走听，目送飞视，口辨草尝，鼻知木嗅。之四者，凡各附于性情形体，而亦莫不善是也。耳者月，比通；目者日，比明；口者辰，比默；鼻者星，比中。兑也、乾也、震也、离也、天也，而纳乎坤声艮色坎味巽气之待。应于地者，亦十六卦也，凡皆变化感应之统乎物类者也。）

夫人也者，暑寒昼夜无不变，雨风露雷无不化，性情形体无不感，走飞草木无不应，所以目善万物之色，耳善万物之声，鼻善万物之气，口善万物之味，灵于万物，不亦宜乎？

（乃人为天地所生，万物所贵于天地之变化，兼备

渔樵问对

乎暑寒昼夜风雨露雷于万物之感应，悉统乎性情形体走飞草木。其于天地间，万物之声色气味，一一为其目与耳、鼻与口之所善。宜其独灵于万物，举凡动植之偏，莫若其气质秉受之全也。邵子诗曰："一气才分，二仪既备。圆者为天，方者为地。变化生成，动植类起。人在其间，最灵最贵。"又曰："物有声色气味，人有耳目口鼻。万物于人一身，反观莫不全备。"正此旨也。其曰："目耳鼻口，人之户牖，心胆脾肾，人之中溜，内若能守，外自不受。中若无守，外何能久。示人以葆其灵者切矣。盖乾日主心，应于目；兑月主脾，应于耳。离星主胆，应于鼻；震辰主肾，应于口。凡皆存乎人，备于我。物交物而防其引者也。"）

二

人之所以能灵于万物者，谓目能收万物之色，耳能收万物之声，鼻能收万物之气，口能收万物之味。声色

气味者,万物之体也;目耳鼻口者,万人之用也。体无定用,唯变是用;用无定体,唯化是体。体用交而人物之道于是备矣。

(前篇言人灵于物。此复明其所以灵者,具目耳鼻口之全,收声色气味之杂。是万有不齐之体,物以群分。万有不齐之用,人以灵运群分者原难拘一定之用,变而通之,而用周矣。灵运者亦不主一定之体,化而裁之,而体该矣。故以地四卦之质,成乎体;交天四卦之气,全乎用。物道人道,备于变化中矣。于以观人之灵于物也,岂待问哉!)

然则人亦物也,圣亦人也,有一物之物,有十物之物,有百物之物,有千物之物,有万物之物,有亿物之物,有兆物之物。为兆物之物,岂非人乎?有一人之人,有十人之人,有百人之人,有千人之人,有万人之人,有亿人之人,有兆人之人。为兆人之人,岂非圣乎?

(然则皆物也,而人独灵。自一物之物,上而推于十百千万亿兆物之物,其唯人乎?抑且皆人也。而圣出类,

渔樵问对

则自一人之人,上而推于十百千万亿兆之人,其唯圣人乎?人物各七等,虽举其概,皆四分八卦部而十六,而递推之。积而极于百千万亿兆之数,而未有止也。)

是知人也者,物之至者也;圣也者,人之至者也。物之至者,始得谓之物之物也;人之至者,始得谓之人之人也。夫物之物者,至物之谓也;人之人者,至人之谓也。以一至物而当一至人,则非圣人而何人?谓之不圣,则吾不信也。何哉?谓其能以一心观万心,一身观万身,一物观万物,一世观万世者焉;又谓其能以心代天意,口代天言,手代天功,身代天事者焉;又谓其能以上识天时,下尽地理,中尽物情,通照人事者焉;又谓其能以弥纶天地,出入造化,进退古今,表里人物者焉。

(是知物以人为至,人以圣为至。斯统物之物,统人之人,极至于物与人之分而不欠焉,不谓之圣不可也。圣者,一以观万,心乎心,身乎身,物乎物,世乎世,通乎万而会于一也。盖其心即天心,而代天之意;口即天口,而代天之言;手即天手,而代天之工;身即天身,

而代天之事。夫且观天时而上以律，察地理而下以袭，周物情而中以建，通人事而旁以照，故与天地为弥纶，造化为出入，进退乎古今，表里夫人物。非圣人而能若是乎？）

人或告我曰：天地之外别有天地万物，异乎此天地万物，则吾不得而知之也。非唯吾不得而知之也，圣人亦不得而知之也。

凡言知者，谓其心得而知之也；言言者，谓其口得而言之也；既心尚不得而知之，口又恶得而言之乎？以心不可得知而知之，是谓妄知也；以口不可得言而言之，是谓妄言也。吾又安能从妄人而行妄知妄言者乎？

（乃知同焉，此天地之生，万物之类，吾与圣人心得而知，口得而言。率是道而求至也，舍是而告以不可得知得言之妄幻，从而行之亦惑甚矣。邵子诗曰：意亦心所至，言斯耳所闻。谁云天地外，别有好乾坤。又曰：道不远于人，乾坤只在身。谁能天地外，别去觅乾坤？又曰：人生天地后，心在天地先。天地自我出，其余何

附录 皇极经世书·观物内篇（节选）

渔樵问对

足言。皆此意耳。）

三

《易》曰：穷理尽性以至于命。所以谓之理者，物之理也；所以谓之性者，天之性也；所以谓之命者，处理性者也；所以能处理性者，非道而何？

（此篇引《易》，申言物理天性，原于于穆之命。命则处乎理性之赋受偏全，无非阴阳刚柔变化感应之道。所分给而各足，唯人中立极之圣。穷之而理无不贯，尽之而性无不全。故能通乎命，而至于根极之处，则道在我。而以一观万，以人代天统天地造化，古今人物而毕著其能事矣。）

是知道为天地之本，天地为万物之本；以天地观万物，则万物为万物；以道观天地，则天地亦为万物。道之道，尽之于天矣；天之道，尽之于地矣；天地之道，尽之于万物矣；天地万物之道，尽之于人矣。人能知天地万

之道所以尽于人者，然后能尽民也。

（是知道者，统理性命于一，即太极一元之道，而为天地之本也。天地本道，万物本天地，天地物万物，道并物天地。故天地为物之大，而道则为观物之全，以言乎其尽。立天之道，一阴一阳。是分乎太极之道而为道者，尽之乎天。立地之道，唯柔唯刚。是合乎天之道而为道者，尽之乎地。天地为物不贰，生物不测，其动静变化之道，尽之乎万物。人生于天地，灵于万物，动静准于法象，变化通于气机。则尽天地万物之道者，兹唯人矣。人虽至圣，不越尽民。原其所以，唯能知之，乃能尽之。中庸之化育，乃以立本经纶，正此旨也。此穷理尽性，而要极于至命，凡推其尽民而已。）

天之能尽物则谓之昊天，人之能尽民则谓之圣人。谓昊天能异乎万物，则非所以谓之昊天也；谓圣人能异乎万民，则非所以谓之圣人也。万民与万物同，则圣人固不异乎昊天者矣；然则圣人与昊天为一道也，圣人与昊天为一道则万民与万物亦可以为一道，一世之万民与

渔樵问对

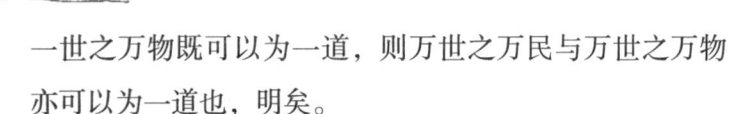

一世之万物既可以为一道，则万世之万民与万世之万物亦可以为一道也，明矣。

夫昊天之尽物与圣人之尽民，皆有四府焉。昊天之四府者，春夏秋冬之谓也，阴阳升降于其间矣；圣人之四府者，《易》《书》《诗》《春秋》之谓也，礼乐污隆于其间矣。春为生物之府，夏为长物之府，秋为收物之府，冬为藏物之府，号物之庶谓之万，虽曰万之又万，其庶能出此昊天之四府者乎？《易》为生民之府，《书》为长民之府，《诗》为收民之府，《春秋》为藏民之府，号民之庶谓之万，虽曰万之又万，其庶能出此圣人之四府者乎？昊天之四府者，时也；圣人之四府者，经也；昊天以时授人，圣人以经法天，天人之事当如何哉？

（夫人能尽民，谓之圣人，犹天能尽物，谓之昊天。昊天非异于万物，圣人非异于万民，同焉此万物与万民，岂异乎此昊天与圣人哉？故以一观万，心同身同，凡以其道同也。圣天一道，民物皆一道。自一世至万世，此民此物，皆此一道。从图中十六卦而四分之，则天之尽物，

圣之尽人,各有四府。天以春夏秋冬,为生长收藏万物之府。圣亦以《易》《书》《诗》《春秋》,为生长收藏万民之府。阴阳之升降,礼乐之污隆,悉于其间观之。试观万之又万,有能外天四府之物乎?有能外圣四府之民乎?时者天之经,经者圣之时,圣以经法天时而授人,其道一也,故可代天之意言工事,而无弗备也。学者从可思天人两尽之事矣。)

四

观春则知《易》之所存乎?观夏则知《书》之所存乎?观秋则知《诗》之所存乎?观冬则知《春秋》之所存乎?《易》之《易》者,生生之谓也;《易》之《书》者,生长之谓也;《易》之《诗》者,生收之谓也;《易》之《春秋》者,生藏之谓也。《书》之《易》者,长生之谓也;《书》之《书》者,长长之谓也;《书》之《诗》者,长收之谓也;《书》之《春秋》者,长藏之谓也。《诗》

渔樵问对

之《易》者，收生之谓也；《诗》之《书》者，收长之谓也；《诗》之《诗》者，收收之谓也；《诗》之《春秋》者，收藏之谓也。《春秋》之《易》者，藏生之谓也；《春秋》之《书》者，藏长之谓也；《春秋》之《诗》者，藏收之谓也；《春秋》之《春秋》者，藏藏之谓也。

生生者，修夫意者也；生长者，修夫言者也；生收者，修夫象者也；生藏者，修夫数者也。长生者，修夫仁者也；长长者，修夫礼者也；长收者，修夫义者也；长藏者，修夫智者也。收生者，修夫性者也；收长者，修夫情者也；收收者，修夫形者也；收藏者，修夫体者也。藏生者，修夫圣者也；藏长者，修夫贤者也；藏收者，修夫才者也；藏藏者，修夫术者也。

修夫意者，三皇之谓也；修夫言者，五帝之谓也；修夫象者，三王之谓也；修夫数者，五伯之谓也。修夫仁者，有虞之谓也；修夫礼者，夏禹之谓也；修夫义者，商汤之谓也；修夫智者，周发之谓也。修夫性者，文王之谓也；修夫情者，武王之谓也；修夫形者，周公之谓也；

修夫体者，召公之谓也。修夫圣者，秦穆之谓也；修夫贤者，晋文之谓也；修夫才者，齐桓之谓也；修夫术者，楚庄之谓也。

皇帝王伯者，《易》之体也；虞夏商周者，《书》之体也；文武周召者，《诗》之体也；秦晋齐楚者，《春秋》之体也。

意言象数者，《易》之用也；仁义礼智者，《书》之用也；性情形体者，《诗》之用也；圣贤才术者，《春秋》之用也。用也者，心也；体也者，迹也；心迹之间有权存焉者，圣人之事也。

（承前篇申言经与时合。观昊天四府，知圣人四府存乎其中：《易》《书》《诗》《春秋》，配生长收藏。一府备四，每一经而分四经之目，犹一时而分四时之气，依然卦图一而四，四而十六。《易》之四，乾、履、同人、无妄，衍为元之元会运世，修夫意言象数；《书》之四，夬、兑、革、随，衍为会之元会运世，修夫仁礼义智；《诗》之四，大有、睽、离、噬嗑，衍为运之元会运世，

附录 皇极经世书·观物内篇（节选）

渔樵问对

修夫性情形体；《春秋》之四，大壮、归妹、丰、震，衍为世之元会运世，修夫圣贤才术，修意三皇，修言五帝，修象三王，修数五伯。有虞修仁，夏禹修礼，商汤修义，周发修智。性也情也，形也体也，文武周召，修之是者也。若夫修圣者，秦穆；修贤者，晋文；齐桓则修才，楚庄则修术，莫不各有所谓焉。详其所谓，而四经之体具是矣。明其所修，而四经之用具是矣，体与用分，心与迹判，于体而观道德功力之殊迹，于用而知化教劝率之异心，又莫有权存其间。而圣人之能事，备之于经，配之于时：可以观污隆升降之所由然矣。此本经解而推天人之合也。）

　　三皇同意而异化，五帝同言而异教，三王同象而异劝，五伯同术而异率。同意而异化者必以道，以道化民者，民亦以道归之，故尚自然。夫自然者，无为无有之谓也，无为者非不为也，不固为者也，故能广；无有者非不有也，不固有者也，故能大。广大悉备而不固为固有者，其唯三皇乎？是故知能以道化天下者，天下亦以道归焉。

所以圣人有言曰：我无为而民自化，我无事而民自富，我好静而民自正，我无欲而民自朴。其斯之谓与？

（由是推之益详。准一卦备四，而观皇帝王伯之同异。皇同意，帝同言，王同象，伯同数，而为化为教为劝与率。本乎《易》者各有异焉。同视经卦，异视纬卦。而《易》始三皇，故独举同意异化。明皇以道化民，民归于道，不固有而能广，不固为而能大，皆尚夫自然，而无为无有之化。元之元之十六卦，皆本乾。而坤、剥、比、观，所由交而为否遁讼、姤之类也。然则道化民归，其即乾唱坤和之谓乎？引老氏言证之，谓三皇之道，用乎《易》者如斯。余可类推矣。）

三皇同仁而异化，五帝同礼而异教，三王同义而异劝，五伯同智而异率。同礼而异教者必以德，以德教民者，民亦以德归之，故尚让。夫让也者，先人后己之谓也，以天下授人而不为轻，若素无之也，受人之天下而不为重，若素有之也，若素无素有者，谓不己无己有之也。若己无己有，则举一毛以取与于人，犹有贪鄙之心生焉，而

渔樵问对

况天下者乎？能知天下之天下非己之天下者，其唯五帝乎？是故知能以德教天下者，天下亦以德归焉，所以圣人有言曰：垂衣裳而天下治，盖取诸乾坤，其斯之谓与？

（若夫皇同仁，帝同礼，王同义，伯同智，用乎《书》者，各有化教劝率之异，而《书》始五帝，故专举同礼异教。明帝以德教民，民归于德。尚让先人，授受天下，有无若素，贪鄙不生，斯为揖让之隆。会之会之十六卦，皆本兑、而谦、艮、寒、渐所由交而为萃、咸、困、大过之类也。然则德教民归，其即兑唱艮和之谓乎？引《易》大传证之谓五帝之德，用乎《书》者如斯。余亦类推。）

三皇同性而异化，五帝同情而异教，三王同形而异劝，五伯同体而异率。同形而异劝者必以功，以功劝民者，民亦以功归之，故尚政。夫政也者，正也，以正正夫不正之谓也。天下之正莫如利民焉，天下之不正莫如害民焉，能利民者正，则谓之王矣；能害民者不正，则谓之贼矣。以利除害，安有去王耶？以王去贼，安有弑君耶？是知王者正也，能以功正天下之不正者，天下亦以功归焉，

所以圣人有言曰：天地革而四时成。汤武革命顺乎天而应乎人，其斯之谓与？

（若夫皇同性，帝同情，王同形，伯同体，用乎《诗》者，亦各有化教劝率之异而《诗》始三王，故专举同形异劝。以明王以功劝民，民归于功，尚政正人，以利除害。贼弑不兴，荡平归正。运之运之十六卦，皆本离，而师、蒙、坎、涣，所由交而为晋、旅、未济、鼎之类也。然则功劝民归，其亦离唱坎和之谓乎？引《易》革象证之，谓三王之功用乎？《诗》者如斯，余亦类推。）

三皇同圣而异化，五帝同贤而异教，三王同才而异劝，五伯同术而异率。同术而异率者必以力，以力率民者，民亦以力归之，故尚争。夫争也者，争夫利者也，取以利，不以义，然后谓之争。小争交以言，大争交以兵，争夫强弱者也，犹借夫名焉者，谓之曲直。名也者，命物正事之称也；利也者，养人成务之具也。名不以仁无以守业，利不以义无以居功，利不以功居，名不以业守，则乱矣，民所以必争之也。五伯者，借虚名以争实利者也，帝不

渔樵问对

足则王，王不足则伯，伯又不足则夷狄矣。若然则五伯不谓无功于国中，语其正则未也，过戎翟则远矣。周之东迁，文武之功德于是而尽矣！犹能维持二十四君，王室不绝如线，夷狄不敢屠害中原者，由五伯借名之力也，是故知能以力率天下者，天下亦以力归焉。所以圣人有言曰：眇能视，跛能履，履虎尾，咥人凶，武人为于大君。其斯之谓与？

（若夫皇同圣，帝同贤，王同才，伯同术，用《春秋》者，又各有化教劝率之异。而《春秋》始五伯，故专举同术异率。以明伯以力率民，民归于力，尚争取利，称义加兵，攘夷尊周，维持王室。世之世之十六卦皆本震，而升、蛊、井、巽，所由交而为豫、小过、解、恒之类也。然则力率民归，其又震唱巽和之谓乎？引《易》履三证之，谓五伯之力，用在《春秋》者如斯。余皆类推。按《易》兼乾、夬、大有、大壮；《书》兼履、兑、睽、归妹；《诗》兼同人、革、离、丰；《春秋》兼无妄、随、噬嗑、震。皆举一统四，而贯乎元会运世之元会运世者也。天圣四府，

胥视诸此矣。)

夫意也者，尽物之性也；言也者，尽物之情也；象也者，尽物之形也；数也者，尽物之体也。仁也者，尽人之圣也；礼也者，尽人之贤也；义也者，尽人之才也；智也者，尽人之术也。尽物之性者谓之道，尽物之情者谓之德，尽物之形者谓之功，尽物之体者谓之力；尽人之圣者谓之化，尽人之贤者谓之教，尽人之才者谓之劝，尽人之术者谓之率。道德功力存乎体者也；化教劝率存乎用者也；体用之间有变存焉者，圣人之业也。

夫变也者，昊天生万物之谓也；权也者，圣人生万民之谓也，非生物生民，乌得谓之权变乎？

（于此可知物人之尽。圣人大业，具于四府，配天中矣。其意言象数者，举物之性情形体，尽之而有道德功力之分存乎其体。仁礼义智者，举人之圣贤才术，尽之而有化教劝率之分存乎其用。体用同异，益见心迹变而不居。是则圣人之业也，以配乎天。变存昊天是生万物。权存圣人，是生万民。民物一道，权变一机。其有外于

附录 皇极经世书·观物内篇（节选）

渔樵问对

天人四府者乎？四府之用交而十六变，而二百五十六，兼地而两之凡五百一十二，圆唱方和，而万之又万者，胥以统矣。）